Prayer Journal

Prayer Journal

Copyright © 2024 Trinity Global Press

All rights reserved. No part of this publication may be reproduced, distributed, or transmitted in any form or by any means, including photocopying, recording, or other electronic or mechanical methods, without the prior written permission of the copyright holder, except in the case of brief quotations embodied in critical reviews and certain other noncommercial uses permitted by copyright law.

Trinity Global Press
www.trinityglobalpress.com
Lisa Peplow Designs

ISBN: 979-8-9895375-0-1

Printed in the United States of America.

Prayer Journal

If found, please kindly return to:

Name _____

Phone _____

Email _____

The Prayer Journal

Praying with Gratitude:

- Begin your prayer by expressing gratitude for specific blessings in your life. What are you thankful for today, and why?
- Reflect on moments when you felt God's presence or experienced His grace. Offer a prayer of gratitude for these instances.
- Consider starting your day with a prayer of thanksgiving, focusing on the opportunities and possibilities the day holds.

Praying for Forgiveness of Sins:

- Take time to examine your heart and acknowledge any shortcomings or sins. Ask for forgiveness and guidance to avoid repeating them.
- Pray a prayer of Confession, seeking God's mercy and forgiveness for any wrongdoings.
- Reflect on the concept of forgiveness itself. How can you extend forgiveness to others in your life, as you seek forgiveness from God?

Praying for Others:

- Create a list of people who may be in need of prayers, such as family members, friends, or those facing challenges. Lift them up in your prayers.
- Offer prayers for world events, global issues, or communities in need. Have faith that your prayers have a positive impact.
- Pray for those who have hurt or wronged you, asking for guidance on how to heal and reconcile those relationships.

Asking for Guidance, Patience, Healing, etc.

- Begin your prayer by asking for God's guidance in a specific area of your life, whether it's a major decision, a personal struggle, or a path you're on.
- Pray for patience and strength during challenging times. Ask for the wisdom to endure difficulties and grow from them.
- If you or someone you know is facing illness or suffering, offer prayers for healing, comfort, and hope.

Date _____ | M | T | W | T | F | S | S |

Prayers

GRATITUDE

FORGIVENESS

OTHERS

GUIDANCE

Date _____ M T W T F S S

Prayers

GRATITUDE

_____
_____
_____
_____
_____
_____

FORGIVENESS

_____
_____
_____
_____
_____
_____

OTHERS

_____
_____
_____
_____
_____
_____

GUIDANCE

_____
_____
_____
_____
_____
_____

Date _____ M T W T F S S

Prayers

GRATITUDE

FORGIVENESS

OTHERS

GUIDANCE

Date _____ M T W T F S S

Prayers

GRATITUDE

___

FORGIVENESS

___

OTHERS

___

GUIDANCE

Date _____ | M | T | W | T | F | S | S |

Prayers

GRATITUDE

_____
_____
_____
_____
_____
_____

FORGIVENESS

_____
_____
_____
_____
_____
_____

OTHERS

_____
_____
_____
_____
_____
_____

GUIDANCE

_____
_____
_____
_____
_____
_____

Date _____   M T W T F S S

Prayers

GRATITUDE

___

FORGIVENESS

___

OTHERS

___

GUIDANCE

Date _____ | M | T | W | T | F | S | S |

Prayers

GRATITUDE

_____
_____
_____
_____
_____
_____

FORGIVENESS

_____
_____
_____
_____
_____
_____

OTHERS

_____
_____
_____
_____
_____
_____

GUIDANCE

_____
_____
_____
_____
_____
_____

Date _____   M T W T F S S

Prayers

GRATITUDE

FORGIVENESS

OTHERS

GUIDANCE

Date _____ M T W T F S S

Prayers

GRATITUDE

FORGIVENESS

OTHERS

GUIDANCE

Date _____ | M | T | W | T | F | S | S |

Prayers

GRATITUDE

FORGIVENESS

OTHERS

GUIDANCE

Date _____ | M | T | W | T | F | S | S |

Prayers

GRATITUDE

_____
_____
_____
_____
_____
_____

FORGIVENESS

_____
_____
_____
_____
_____
_____

OTHERS

_____
_____
_____
_____
_____
_____

GUIDANCE

_____
_____
_____
_____
_____
_____

Date _____ M T W T F S S

Prayers

GRATITUDE

FORGIVENESS

OTHERS

GUIDANCE

Date _____ M T W T F S S

Prayers

GRATITUDE

_____
_____
_____
_____
_____

FORGIVENESS

_____
_____
_____
_____
_____

OTHERS

_____
_____
_____
_____
_____

GUIDANCE

_____
_____
_____
_____
_____

Date _____ | M | T | W | T | F | S | S |

Prayers

GRATITUDE

_____
_____
_____
_____
_____
_____

FORGIVENESS

_____
_____
_____
_____
_____
_____

OTHERS

_____
_____
_____
_____
_____
_____

GUIDANCE

_____
_____
_____
_____
_____
_____

Date _____   **M T W T F S S**

Prayers

GRATITUDE
_____
_____
_____
_____
_____
_____

FORGIVENESS
_____
_____
_____
_____
_____
_____

OTHERS
_____
_____
_____
_____
_____
_____

GUIDANCE
_____
_____
_____
_____
_____
_____

Date _____ M T W T F S S

Prayers

GRATITUDE

FORGIVENESS

OTHERS

GUIDANCE

Date _____ M T W T F S S

Prayers

GRATITUDE

FORGIVENESS

OTHERS

GUIDANCE

Date _____ | M | T | W | T | F | S | S |

Prayers

GRATITUDE

FORGIVENESS

OTHERS

GUIDANCE

Date _____   M T W T F S S

Prayers

GRATITUDE

FORGIVENESS

OTHERS

GUIDANCE

Date _____ | M | T | W | T | F | S | S |

Prayers

GRATITUDE

FORGIVENESS

OTHERS

GUIDANCE

Date _____ | M | T | W | T | F | S | S |

Prayers

GRATITUDE

FORGIVENESS

OTHERS

GUIDANCE

Date _____ | M | T | W | T | F | S | S |

Prayers

GRATITUDE

___

FORGIVENESS

___

OTHERS

___

GUIDANCE

Date _____ M T W T F S S

Prayers

GRATITUDE
_____
_____
_____
_____
_____
_____

FORGIVENESS
_____
_____
_____
_____
_____
_____

OTHERS
_____
_____
_____
_____
_____
_____

GUIDANCE
_____
_____
_____
_____
_____
_____

Date _____ M T W T F S S

Prayers

GRATITUDE

FORGIVENESS

OTHERS

GUIDANCE

Date _____ | M | T | W | T | F | S | S |

Prayers

GRATITUDE

_____
_____
_____
_____
_____
_____

FORGIVENESS

_____
_____
_____
_____
_____
_____

OTHERS

_____
_____
_____
_____
_____
_____

GUIDANCE

_____
_____
_____
_____
_____
_____

Date _____ M T W T F S S

Prayers

GRATITUDE

_____
_____
_____
_____
_____
_____

FORGIVENESS

_____
_____
_____
_____
_____
_____

OTHERS

_____
_____
_____
_____
_____
_____

GUIDANCE

_____
_____
_____
_____
_____
_____

Date _____ M T W T F S S

Prayers

GRATITUDE

FORGIVENESS

OTHERS

GUIDANCE

Date _____ | M T W T F S S

Prayers

GRATITUDE

FORGIVENESS

OTHERS

GUIDANCE

Date _____ | M | T | W | T | F | S | S |

Prayers

GRATITUDE

FORGIVENESS

OTHERS

GUIDANCE

Date _____ | M | T | W | T | F | S | S |

Prayers

GRATITUDE

_____
_____
_____
_____
_____
_____

FORGIVENESS

_____
_____
_____
_____
_____
_____

OTHERS

_____
_____
_____
_____
_____
_____

GUIDANCE

_____
_____
_____
_____
_____
_____

Date _____ | M | T | W | T | F | S | S |

Prayers

GRATITUDE

FORGIVENESS

OTHERS

GUIDANCE

Date _____ M T W T F S S

Prayers

GRATITUDE

FORGIVENESS

OTHERS

GUIDANCE

Date _____ | M | T | W | T | F | S | S |

Prayers

GRATITUDE

FORGIVENESS

OTHERS

GUIDANCE

Date _____ M T W T F S S

Prayers

GRATITUDE

_____
_____
_____
_____
_____

FORGIVENESS

_____
_____
_____
_____
_____

OTHERS

_____
_____
_____
_____
_____

GUIDANCE

_____
_____
_____
_____
_____

Date _____

| M | T | W | T | F | S | S |

Prayers

GRATITUDE

FORGIVENESS

OTHERS

GUIDANCE

Date _____ M T W T F S S

Prayers

GRATITUDE

FORGIVENESS

OTHERS

GUIDANCE

Date _____ M T W T F S S

Prayers

GRATITUDE

FORGIVENESS

OTHERS

GUIDANCE

Date _____ M T W T F S S

Prayers

GRATITUDE

FORGIVENESS

OTHERS

GUIDANCE

Date _____ M T W T F S S

Prayers

GRATITUDE

FORGIVENESS

OTHERS

GUIDANCE

Date _____ | M | T | W | T | F | S | S |

Prayers

GRATITUDE

FORGIVENESS

OTHERS

GUIDANCE

Date _____ M T W T F S S

Prayers

GRATITUDE

FORGIVENESS

OTHERS

GUIDANCE

Date _____ M T W T F S S

Prayers

GRATITUDE

_____
_____
_____
_____
_____

FORGIVENESS

_____
_____
_____
_____
_____
_____

OTHERS

_____
_____
_____
_____
_____
_____

GUIDANCE

_____
_____
_____
_____
_____
_____

Date _____

| M | T | W | T | F | S | S |

Prayers

GRATITUDE

FORGIVENESS

OTHERS

GUIDANCE

Date _____ | M | T | W | T | F | S | S |

Prayers

GRATITUDE

_____
_____
_____
_____
_____
_____

FORGIVENESS

_____
_____
_____
_____
_____
_____

OTHERS

_____
_____
_____
_____
_____
_____

GUIDANCE

_____
_____
_____
_____
_____
_____

Date _____ | M | T | W | T | F | S | S |

Prayers

GRATITUDE

FORGIVENESS

OTHERS

GUIDANCE

Date _____ M T W T F S S

Prayers

GRATITUDE
_____
_____
_____
_____
_____
_____

FORGIVENESS
_____
_____
_____
_____
_____
_____
_____

OTHERS
_____
_____
_____
_____
_____
_____
_____

GUIDANCE
_____
_____
_____
_____
_____
_____
_____

Date _____ M T W T F S S

Prayers

GRATITUDE
_____
_____
_____
_____
_____
_____

FORGIVENESS
_____
_____
_____
_____
_____
_____

OTHERS
_____
_____
_____
_____
_____
_____

GUIDANCE
_____
_____
_____
_____
_____
_____

Date _____ M T W T F S S

Prayers

GRATITUDE
_____
_____
_____
_____
_____
_____

FORGIVENESS
_____
_____
_____
_____
_____
_____

OTHERS
_____
_____
_____
_____
_____
_____

GUIDANCE
_____
_____
_____
_____
_____
_____

Date _____ | M | T | W | T | F | S | S |

Prayers

GRATITUDE

FORGIVENESS

OTHERS

GUIDANCE

Date _____ M T W T F S S

Prayers

GRATITUDE
_____
_____
_____
_____
_____
_____

FORGIVENESS
_____
_____
_____
_____
_____
_____

OTHERS
_____
_____
_____
_____
_____
_____

GUIDANCE
_____
_____
_____
_____
_____
_____

Date _____ | M | T | W | T | F | S | S |

Prayers

GRATITUDE

_____
_____
_____
_____
_____
_____

FORGIVENESS

_____
_____
_____
_____
_____
_____

OTHERS

_____
_____
_____
_____
_____
_____

GUIDANCE

_____
_____
_____
_____
_____
_____

Date _____ **M T W T F S S**

Prayers

GRATITUDE

FORGIVENESS

OTHERS

GUIDANCE

Date _____ | M | T | W | T | F | S | S |

Prayers

GRATITUDE

FORGIVENESS

OTHERS

GUIDANCE

Date _____ M T W T F S S

Prayers

GRATITUDE

FORGIVENESS

OTHERS

GUIDANCE

Date _____   M T W T F S S

Prayers

GRATITUDE

_____
_____
_____
_____
_____
_____

FORGIVENESS

_____
_____
_____
_____
_____
_____

OTHERS

_____
_____
_____
_____
_____
_____

GUIDANCE

_____
_____
_____
_____
_____
_____

Date _____ | M | T | W | T | F | S | S |

Prayers

GRATITUDE

FORGIVENESS

OTHERS

GUIDANCE

Date _____ M T W T F S S

Prayers

GRATITUDE
_____
_____
_____
_____
_____
_____

FORGIVENESS
_____
_____
_____
_____
_____
_____

OTHERS
_____
_____
_____
_____
_____
_____

GUIDANCE
_____
_____
_____
_____
_____
_____

Date _____ M T W T F S S

Prayers

GRATITUDE

FORGIVENESS

OTHERS

GUIDANCE

Date _____   M T W T F S S

Prayers

GRATITUDE

FORGIVENESS

OTHERS

GUIDANCE

Date _____ M T W T F S S

Prayers

GRATITUDE
_____
_____
_____
_____
_____
_____

FORGIVENESS
_____
_____
_____
_____
_____
_____

OTHERS
_____
_____
_____
_____
_____
_____

GUIDANCE
_____
_____
_____
_____
_____
_____

Date _____ | M | T | W | T | F | S | S |

Prayers

GRATITUDE

FORGIVENESS

OTHERS

GUIDANCE

Date _____   M T W T F S S

Prayers

GRATITUDE

FORGIVENESS

OTHERS

GUIDANCE

Date _____ M T W T F S S

Prayers

GRATITUDE

FORGIVENESS

OTHERS

GUIDANCE

Date _____ | M | T | W | T | F | S | S |

Prayers

GRATITUDE

FORGIVENESS

OTHERS

GUIDANCE

Date _____ M T W T F S S

Prayers

GRATITUDE

FORGIVENESS

OTHERS

GUIDANCE

Date _____ **M T W T F S S**

Prayers

GRATITUDE

FORGIVENESS

OTHERS

GUIDANCE

Date _____

M T W T F S S

Prayers

GRATITUDE

FORGIVENESS

OTHERS

GUIDANCE

Date _____   M T W T F S S

Prayers

GRATITUDE

FORGIVENESS

OTHERS

GUIDANCE

Date _____ | M | T | W | T | F | S | S |

Prayers

GRATITUDE

FORGIVENESS

OTHERS

GUIDANCE

Date _____ | M | T | W | T | F | S | S |

Prayers

GRATITUDE

_____
_____
_____
_____
_____
_____

FORGIVENESS

_____
_____
_____
_____
_____
_____

OTHERS

_____
_____
_____
_____
_____
_____

GUIDANCE

_____
_____
_____
_____
_____
_____

Date _____ M T W T F S S

Prayers

GRATITUDE
_____
_____
_____
_____
_____
_____

FORGIVENESS
_____
_____
_____
_____
_____
_____

OTHERS
_____
_____
_____
_____
_____
_____

GUIDANCE
_____
_____
_____
_____
_____
_____

Date _____ M T W T F S S

Prayers

GRATITUDE

___

FORGIVENESS

___

OTHERS

___

GUIDANCE

Date _____ | **M** | **T** | **W** | **T** | **F** | **S** | **S** |

Prayers

GRATITUDE

FORGIVENESS

OTHERS

GUIDANCE

Date _____ M T W T F S S

Prayers

GRATITUDE

FORGIVENESS

OTHERS

GUIDANCE

Date _____ M T W T F S S

Prayers

GRATITUDE

FORGIVENESS

OTHERS

GUIDANCE

Date _____ | M | T | W | T | F | S | S |

Prayers

GRATITUDE

FORGIVENESS

OTHERS

GUIDANCE

Date _____

M T W T F S S

Prayers

GRATITUDE

FORGIVENESS

OTHERS

GUIDANCE

Date _____   M T W T F S S

Prayers

GRATITUDE
_____
_____
_____
_____
_____
_____

FORGIVENESS
_____
_____
_____
_____
_____
_____

OTHERS
_____
_____
_____
_____
_____
_____

GUIDANCE
_____
_____
_____
_____
_____
_____

Date _____

M T W T F S S

Prayers

GRATITUDE

FORGIVENESS

OTHERS

GUIDANCE

Date _____ | M | T | W | T | F | S | S |

Prayers

GRATITUDE

FORGIVENESS

OTHERS

GUIDANCE

Date _____ | M | T | W | T | F | S | S |

Prayers

GRATITUDE

FORGIVENESS

OTHERS

GUIDANCE

Date _____ | M | T | W | T | F | S | S |

Prayers

GRATITUDE

FORGIVENESS

OTHERS

GUIDANCE

Date _____ | M | T | W | T | F | S | S |

Prayers

GRATITUDE

FORGIVENESS

OTHERS

GUIDANCE

Date _____ M T W T F S S

Prayers

GRATITUDE
_____
_____
_____
_____
_____

FORGIVENESS
_____
_____
_____
_____
_____

OTHERS
_____
_____
_____
_____
_____

GUIDANCE
_____
_____
_____
_____
_____

Date _____ | M | T | W | T | F | S | S |

Prayers

GRATITUDE

FORGIVENESS

OTHERS

GUIDANCE

Date _____

| M | T | W | T | F | S | S |

Prayers

GRATITUDE

FORGIVENESS

OTHERS

GUIDANCE

Date _____   M T W T F S S

Prayers

GRATITUDE

FORGIVENESS

OTHERS

GUIDANCE

Date _____   **M** T **W** T **F** **S** **S**

Prayers

GRATITUDE

FORGIVENESS

OTHERS

GUIDANCE

PRAYER JOURNAL | 93

Date _____ | M | T | W | T | F | S | S |

Prayers

GRATITUDE

FORGIVENESS

OTHERS

GUIDANCE

Date _____

M T W T F S S

Prayers

GRATITUDE

FORGIVENESS

OTHERS

GUIDANCE

Date _____   M T W T F S S

Prayers

GRATITUDE

___

FORGIVENESS

___

OTHERS

___

GUIDANCE

Date _____ M T W T F S S

Prayers

GRATITUDE

FORGIVENESS

OTHERS

GUIDANCE

Date _____ M T W T F S S

Prayers

GRATITUDE

FORGIVENESS

OTHERS

GUIDANCE

Date _____ M T W T F S S

Prayers

GRATITUDE

FORGIVENESS

OTHERS

GUIDANCE

Date _____ M T W T F S S

Prayers

GRATITUDE

FORGIVENESS

OTHERS

GUIDANCE

Date _____ M T W T F S S

Prayers

GRATITUDE

FORGIVENESS

OTHERS

GUIDANCE

Date _____ M T W T F S S

Prayers

GRATITUDE
_____
_____
_____
_____
_____
_____

FORGIVENESS
_____
_____
_____
_____
_____
_____

OTHERS
_____
_____
_____
_____
_____
_____

GUIDANCE
_____
_____
_____
_____
_____
_____

Date _____ | M | T | W | T | F | S | S |

Prayers

GRATITUDE

_____
_____
_____
_____
_____
_____

FORGIVENESS

_____
_____
_____
_____
_____
_____

OTHERS

_____
_____
_____
_____
_____
_____

GUIDANCE

_____
_____
_____
_____
_____
_____

Date _____ M T W T F S S

Prayers

GRATITUDE

FORGIVENESS

OTHERS

GUIDANCE

Date _____ M T W T F S S

Prayers

GRATITUDE

FORGIVENESS

OTHERS

GUIDANCE

Date _____ **M T W T F S S**

Prayers

GRATITUDE
_____
_____
_____
_____
_____
_____

FORGIVENESS
_____
_____
_____
_____
_____
_____

OTHERS
_____
_____
_____
_____
_____
_____

GUIDANCE
_____
_____
_____
_____
_____
_____

Date _____ | M | T | W | T | F | S | S |

Prayers

GRATITUDE

_____
_____
_____
_____
_____
_____

FORGIVENESS

_____
_____
_____
_____
_____
_____

OTHERS

_____
_____
_____
_____
_____
_____

GUIDANCE

_____
_____
_____
_____
_____
_____

Date _____ | M | T | W | T | F | S | S |

Prayers

GRATITUDE

FORGIVENESS

OTHERS

GUIDANCE

Date _____ **M T W T F S S**

Prayers

GRATITUDE

_____
_____
_____
_____
_____
_____

FORGIVENESS

_____
_____
_____
_____
_____
_____

OTHERS

_____
_____
_____
_____
_____
_____

GUIDANCE

_____
_____
_____
_____
_____
_____

Date _____ | M | T | W | T | F | S | S |

Prayers

GRATITUDE

_____
_____
_____
_____
_____

FORGIVENESS

_____
_____
_____
_____
_____

OTHERS

_____
_____
_____
_____
_____

GUIDANCE

_____
_____
_____
_____
_____

Date _____ M T W T F S S

Prayers

GRATITUDE

FORGIVENESS

OTHERS

GUIDANCE

Date _____   M T W T F S S

Prayers

GRATITUDE

FORGIVENESS

OTHERS

GUIDANCE

Date _____ M T W T F S S

Prayers

GRATITUDE

FORGIVENESS

OTHERS

GUIDANCE

Date _____ | M | T | W | T | F | S | S |

Prayers

GRATITUDE

_____
_____
_____
_____
_____
_____

FORGIVENESS

_____
_____
_____
_____
_____
_____

OTHERS

_____
_____
_____
_____
_____
_____

GUIDANCE

_____
_____
_____
_____
_____
_____

Date _____ **M T W T F S S**

Prayers

GRATITUDE
_____
_____
_____
_____
_____
_____

FORGIVENESS
_____
_____
_____
_____
_____
_____

OTHERS
_____
_____
_____
_____
_____
_____

GUIDANCE
_____
_____
_____
_____
_____
_____

Date _____ M T W T F S S

Prayers

GRATITUDE

FORGIVENESS

OTHERS

GUIDANCE

Date _____ M T W T F S S

Prayers

GRATITUDE

FORGIVENESS

OTHERS

GUIDANCE

Date _____ M T W T F S S

Prayers

GRATITUDE

FORGIVENESS

OTHERS

GUIDANCE

Date _____ | M | T | W | T | F | S | S |

Prayers

GRATITUDE

_____
_____
_____
_____
_____
_____

FORGIVENESS

_____
_____
_____
_____
_____
_____

OTHERS

_____
_____
_____
_____
_____
_____

GUIDANCE

_____
_____
_____
_____
_____
_____

Date _____ M T W T F S S

Prayers

GRATITUDE

FORGIVENESS

OTHERS

GUIDANCE

Date _____ M T W T F S S

Prayers

GRATITUDE

FORGIVENESS

OTHERS

GUIDANCE

Date _____ M T W T F S S

Prayers

GRATITUDE

FORGIVENESS

OTHERS

GUIDANCE

Date _____ M T W T F S S

Prayers

GRATITUDE

FORGIVENESS

OTHERS

GUIDANCE

Date _____ | M | T | W | T | F | S | S |

Prayers

GRATITUDE

FORGIVENESS

OTHERS

GUIDANCE

Date _____ M T W T F S S

Prayers

GRATITUDE

FORGIVENESS

OTHERS

GUIDANCE

Date _____ | M | T | W | T | F | S | S |

Prayers

GRATITUDE

FORGIVENESS

OTHERS

GUIDANCE

Date _____ **M T W T F S S**

Prayers

GRATITUDE

FORGIVENESS

OTHERS

GUIDANCE

Date _____ M T W T F S S

Prayers

GRATITUDE

FORGIVENESS

OTHERS

GUIDANCE

Date _____ M T W T F S S

Prayers

GRATITUDE

FORGIVENESS

OTHERS

GUIDANCE

Date _____ | M | T | W | T | F | S | S |

Prayers

GRATITUDE

FORGIVENESS

OTHERS

GUIDANCE

Date _____ M T W T F S S

Prayers

GRATITUDE

FORGIVENESS

OTHERS

GUIDANCE

Date _____ M T W T F S S

Prayers

GRATITUDE

_____
_____
_____
_____
_____
_____

FORGIVENESS

_____
_____
_____
_____
_____
_____

OTHERS

_____
_____
_____
_____
_____
_____

GUIDANCE

_____
_____
_____
_____
_____
_____

Date _____ 　M T W T F S S

Prayers

GRATITUDE

FORGIVENESS

OTHERS

GUIDANCE

Date _____ M T W T F S S

Prayers

GRATITUDE

FORGIVENESS

OTHERS

GUIDANCE

Date _____ | M | T | W | T | F | S | S |

Prayers

GRATITUDE

FORGIVENESS

OTHERS

GUIDANCE

Date _____   M T W T F S S

Prayers

GRATITUDE

_____
_____
_____
_____
_____
_____

FORGIVENESS

_____
_____
_____
_____
_____
_____

OTHERS

_____
_____
_____
_____
_____
_____

GUIDANCE

_____
_____
_____
_____
_____
_____

Date _____ | M | T | W | T | F | S | S |

Prayers

GRATITUDE

___

FORGIVENESS

___

OTHERS

___

GUIDANCE

Date _____ **M T W T F S S**

Prayers

GRATITUDE

FORGIVENESS

OTHERS

GUIDANCE

Date _____ | M | T | W | T | F | S | S |

Prayers

GRATITUDE

FORGIVENESS

OTHERS

GUIDANCE

Date _____ M T W T F S S

Prayers

GRATITUDE

FORGIVENESS

OTHERS

GUIDANCE

Date _____ **M T W T F S S**

Prayers

GRATITUDE

FORGIVENESS

OTHERS

GUIDANCE

Date _____ | M | T | W | T | F | S | S |

Prayers

GRATITUDE

FORGIVENESS

OTHERS

GUIDANCE

Date _____ **M T W T F S S**

Prayers

GRATITUDE

FORGIVENESS

OTHERS

GUIDANCE

Date _____ | M | T | W | T | F | S | S |

Prayers

GRATITUDE

FORGIVENESS

OTHERS

GUIDANCE

Date _____ M T W T F S S

Prayers

GRATITUDE

___

FORGIVENESS

___

OTHERS

___

GUIDANCE

Date _____ M T W T F S S

Prayers

GRATITUDE

FORGIVENESS

OTHERS

GUIDANCE

Date _____ M T W T F S S

Prayers

GRATITUDE

_____
_____
_____
_____
_____
_____

FORGIVENESS

_____
_____
_____
_____
_____
_____

OTHERS

_____
_____
_____
_____
_____
_____

GUIDANCE

_____
_____
_____
_____
_____
_____

Date _____ M T W T F S S

Prayers

GRATITUDE

FORGIVENESS

OTHERS

GUIDANCE

Date _____   **M** T W T F S S

Prayers

GRATITUDE
_____
_____
_____
_____
_____
_____

FORGIVENESS
_____
_____
_____
_____
_____
_____

OTHERS
_____
_____
_____
_____
_____
_____

GUIDANCE
_____
_____
_____
_____
_____
_____

Date _____ | M | T | W | T | F | S | S |

Prayers

GRATITUDE

FORGIVENESS

OTHERS

GUIDANCE

Date _____ M T W T F S S

Prayers

GRATITUDE

FORGIVENESS

OTHERS

GUIDANCE

Date _____ | M | T | W | T | F | S | S |

Prayers

GRATITUDE

FORGIVENESS

OTHERS

GUIDANCE

Date _____ M T W T F S S

Prayers

GRATITUDE

FORGIVENESS

OTHERS

GUIDANCE

Date _____ M T W T F S S

Prayers

GRATITUDE

FORGIVENESS

OTHERS

GUIDANCE

Date _____ **M T W T F S S**

Prayers

GRATITUDE

FORGIVENESS

OTHERS

GUIDANCE

Date _____ M T W T F S S

Prayers

GRATITUDE

FORGIVENESS

OTHERS

GUIDANCE

Date _____

M T W T F S S

Prayers

GRATITUDE

FORGIVENESS

OTHERS

GUIDANCE

Date _____ | M | T | W | T | F | S | S |

Prayers

GRATITUDE

FORGIVENESS

OTHERS

GUIDANCE

Date _____ | M | T | W | T | F | S | S |

Prayers

GRATITUDE

_____
_____
_____
_____
_____
_____

FORGIVENESS

_____
_____
_____
_____
_____
_____

OTHERS

_____
_____
_____
_____
_____
_____

GUIDANCE

_____
_____
_____
_____
_____
_____

Date _____

| M | T | W | T | F | S | S |

Prayers

GRATITUDE

FORGIVENESS

OTHERS

GUIDANCE

Date _____ | M | T | W | T | F | S | S |

Prayers

GRATITUDE

_____
_____
_____
_____
_____
_____

FORGIVENESS

_____
_____
_____
_____
_____
_____

OTHERS

_____
_____
_____
_____
_____
_____

GUIDANCE

_____
_____
_____
_____
_____
_____

Date _____   M T W T F S S

Prayers

GRATITUDE

FORGIVENESS

OTHERS

GUIDANCE

Date _____ M T W T F S S

Prayers

GRATITUDE

_____
_____
_____
_____
_____
_____

FORGIVENESS

_____
_____
_____
_____
_____
_____

OTHERS

_____
_____
_____
_____
_____
_____

GUIDANCE

_____
_____
_____
_____
_____
_____

Date _____ M T W T F S S

Prayers

GRATITUDE

FORGIVENESS

OTHERS

GUIDANCE

Date _____ M T W T F S S

Prayers

GRATITUDE

FORGIVENESS

OTHERS

GUIDANCE

Date _____

| M | T | W | T | F | S | S |

Prayers

GRATITUDE

_____
_____
_____
_____
_____
_____

FORGIVENESS

_____
_____
_____
_____
_____
_____

OTHERS

_____
_____
_____
_____
_____
_____

GUIDANCE

_____
_____
_____
_____
_____
_____

Date _____ **M T W T F S S**

Prayers

GRATITUDE

FORGIVENESS

OTHERS

GUIDANCE

Date _____ | M | T | W | T | F | S | S |

Prayers

GRATITUDE

FORGIVENESS

OTHERS

GUIDANCE

Date _____ M T W T F S S

Prayers

GRATITUDE

FORGIVENESS

OTHERS

GUIDANCE

Date _____   M T W T F S S

Prayers

GRATITUDE

FORGIVENESS

OTHERS

GUIDANCE

Date _____   M T W T F S S

Prayers

GRATITUDE

FORGIVENESS

OTHERS

GUIDANCE

Date _____ | M | T | W | T | F | S | S |

Prayers

GRATITUDE

FORGIVENESS

OTHERS

GUIDANCE

Date _____ M T W T F S S

Prayers

GRATITUDE

FORGIVENESS

OTHERS

GUIDANCE

Date _____ | M | T | W | T | F | S | S |

Prayers

GRATITUDE

FORGIVENESS

OTHERS

GUIDANCE

Date _____ M T W T F S S

Prayers

GRATITUDE

FORGIVENESS

OTHERS

GUIDANCE

Date _____ | M | T | W | T | F | S | S |

Prayers

GRATITUDE

FORGIVENESS

OTHERS

GUIDANCE

Date _____ M T W T F S S

Prayers

GRATITUDE

FORGIVENESS

OTHERS

GUIDANCE

Date _____ M T W T F S S

Prayers

GRATITUDE

FORGIVENESS

OTHERS

GUIDANCE

Date _____ M T W T F S S

Prayers

GRATITUDE

FORGIVENESS

OTHERS

GUIDANCE

Date _____ | M | T | W | T | F | S | S |

Prayers

GRATITUDE

FORGIVENESS

OTHERS

GUIDANCE

Date _____ M T W T F S S

Prayers

GRATITUDE

FORGIVENESS

OTHERS

GUIDANCE

Date _____   M T W T F S S

Prayers

GRATITUDE

_____
_____
_____
_____
_____
_____

FORGIVENESS

_____
_____
_____
_____
_____
_____

OTHERS

_____
_____
_____
_____
_____
_____

GUIDANCE

_____
_____
_____
_____
_____
_____

Date _____   **M T W T F S S**

Prayers

GRATITUDE

FORGIVENESS

OTHERS

GUIDANCE

Date _____ M T W T F S S

Prayers

GRATITUDE

FORGIVENESS

OTHERS

GUIDANCE

Date _____ | **M** | **T** | **W** | **T** | **F** | **S** | **S** |

Prayers

GRATITUDE

FORGIVENESS

OTHERS

GUIDANCE

Date _____ | M | T | W | T | F | S | S |

Prayers

GRATITUDE

FORGIVENESS

OTHERS

GUIDANCE

Date _____ M T W T F S S

Prayers

GRATITUDE

FORGIVENESS

OTHERS

GUIDANCE

Date _____ M T W T F S S

Prayers

GRATITUDE

FORGIVENESS

OTHERS

GUIDANCE

Date _____ **M T W T F S S**

Prayers

GRATITUDE

FORGIVENESS

OTHERS

GUIDANCE

Date _____ | M | T | W | T | F | S | S |

Prayers

GRATITUDE

_____
_____
_____
_____
_____
_____

FORGIVENESS

_____
_____
_____
_____
_____
_____

OTHERS

_____
_____
_____
_____
_____
_____

GUIDANCE

_____
_____
_____
_____
_____
_____

Date _____ M T W T F S S

Prayers

GRATITUDE

FORGIVENESS

OTHERS

GUIDANCE

Date _____ M T W T F S S

Prayers

GRATITUDE

FORGIVENESS

OTHERS

GUIDANCE

Date _____ M T W T F S S

Prayers

GRATITUDE

FORGIVENESS

OTHERS

GUIDANCE

Date _____   M T W T F S S

Prayers

GRATITUDE

_____
_____
_____
_____
_____
_____

FORGIVENESS

_____
_____
_____
_____
_____
_____

OTHERS

_____
_____
_____
_____
_____
_____

GUIDANCE

_____
_____
_____
_____
_____
_____

Date _____   **M T W T F S S**

Prayers

GRATITUDE

_____
_____
_____
_____
_____
_____

FORGIVENESS

_____
_____
_____
_____
_____
_____

OTHERS

_____
_____
_____
_____
_____
_____

GUIDANCE

_____
_____
_____
_____
_____
_____

Date _____ M T W T F S S

Prayers

GRATITUDE

___

FORGIVENESS

___

OTHERS

___

GUIDANCE

Date _____ M T W T F S S

Prayers

GRATITUDE

_____
_____
_____
_____
_____
_____

FORGIVENESS

_____
_____
_____
_____
_____
_____

OTHERS

_____
_____
_____
_____
_____
_____

GUIDANCE

_____
_____
_____
_____
_____
_____

Date _____ **M T W T F S S**

Prayers

GRATITUDE

FORGIVENESS

OTHERS

GUIDANCE

Date _____ M T W T F S S

Prayers

GRATITUDE

FORGIVENESS

OTHERS

GUIDANCE

Date _____ M T W T F S S

Prayers

GRATITUDE

FORGIVENESS

OTHERS

GUIDANCE

Date _____ M T W T F S S

Prayers

GRATITUDE

FORGIVENESS

OTHERS

GUIDANCE

Date _____ M T W T F S S

Prayers

GRATITUDE

FORGIVENESS

OTHERS

GUIDANCE

Date _____ M T W T F S S

Prayers

GRATITUDE

FORGIVENESS

OTHERS

GUIDANCE

Date _____ M T W T F S S

Prayers

GRATITUDE

FORGIVENESS

OTHERS

GUIDANCE

Date _____ M T W T F S S

Prayers

GRATITUDE

FORGIVENESS

OTHERS

GUIDANCE

Date _____ M T W T F S S

Prayers

GRATITUDE

FORGIVENESS

OTHERS

GUIDANCE

Date _____   **M** T **W** T **F** **S** **S**

Prayers

GRATITUDE

_____
_____
_____
_____
_____
_____

FORGIVENESS

_____
_____
_____
_____
_____
_____

OTHERS

_____
_____
_____
_____
_____
_____

GUIDANCE

_____
_____
_____
_____
_____
_____

Date _____ M T W T F S S

Prayers

GRATITUDE

FORGIVENESS

OTHERS

GUIDANCE

Date _____ **M T W T F S S**

Prayers

GRATITUDE

FORGIVENESS

OTHERS

GUIDANCE

Date _____ | M | T | W | T | F | S | S |

Prayers

GRATITUDE

FORGIVENESS

OTHERS

GUIDANCE

Date _____   M T W T F S S

Prayers

GRATITUDE

FORGIVENESS

OTHERS

GUIDANCE

Date _____ M T W T F S S

Prayers

GRATITUDE

FORGIVENESS

OTHERS

GUIDANCE

Date _____ M T W T F S S

Prayers

GRATITUDE

FORGIVENESS

OTHERS

GUIDANCE

Date _____ | M | T | W | T | F | S | S |

Prayers

GRATITUDE

FORGIVENESS

OTHERS

GUIDANCE

Date _____ M T W T F S S

Prayers

GRATITUDE

FORGIVENESS

OTHERS

GUIDANCE

Date _____ M T W T F S S

Prayers

GRATITUDE

FORGIVENESS

OTHERS

GUIDANCE

Date _____ M T W T F S S

Prayers

GRATITUDE

FORGIVENESS

OTHERS

GUIDANCE

Date _____ | M | T | W | T | F | S | S |

Prayers

GRATITUDE

FORGIVENESS

OTHERS

GUIDANCE

Date _____   **M T W T F S S**

Prayers

GRATITUDE

___

FORGIVENESS

___

OTHERS

___

GUIDANCE

Date _____ | M | T | W | T | F | S | S |

Prayers

GRATITUDE

FORGIVENESS

OTHERS

GUIDANCE

Date _____ M T W T F S S

Prayers

GRATITUDE

FORGIVENESS

OTHERS

GUIDANCE

Date _____ M T W T F S S

Prayers

GRATITUDE

FORGIVENESS

OTHERS

GUIDANCE

Date _____ M T W T F S S

Prayers

GRATITUDE

_____
_____
_____
_____
_____
_____

FORGIVENESS

_____
_____
_____
_____
_____
_____

OTHERS

_____
_____
_____
_____
_____
_____

GUIDANCE

_____
_____
_____
_____
_____
_____

Date _____ | M | T | W | T | F | S | S |

Prayers

GRATITUDE

FORGIVENESS

OTHERS

GUIDANCE

Date _____ | **M** | **T** | **W** | **T** | **F** | **S** | **S** |

Prayers

GRATITUDE

FORGIVENESS

OTHERS

GUIDANCE

Date _____ | M | T | W | T | F | S | S |

Prayers

GRATITUDE

FORGIVENESS

OTHERS

GUIDANCE

Date _____ M T W T F S S

Prayers

GRATITUDE

FORGIVENESS

OTHERS

GUIDANCE

Date _____ | M | T | W | T | F | S | S |

Prayers

GRATITUDE

FORGIVENESS

OTHERS

GUIDANCE

Date _____   M T W T F S S

Prayers

GRATITUDE

FORGIVENESS

OTHERS

GUIDANCE

Date _____

| M | T | W | T | F | S | S |

Prayers

GRATITUDE

FORGIVENESS

OTHERS

GUIDANCE

Date _____ | M | T | W | T | F | S | S |

Prayers

GRATITUDE

FORGIVENESS

OTHERS

GUIDANCE

Date _____ M T W T F S S

Prayers

GRATITUDE

FORGIVENESS

OTHERS

GUIDANCE

Date _____ | M | T | W | T | F | S | S |

Prayers

GRATITUDE

_____
_____
_____
_____
_____

FORGIVENESS

_____
_____
_____
_____
_____

OTHERS

_____
_____
_____
_____
_____

GUIDANCE

_____
_____
_____
_____
_____

Date _____ M T W T F S S

Prayers

GRATITUDE

FORGIVENESS

OTHERS

GUIDANCE

Date _____ M T W T F S S

Prayers

GRATITUDE

FORGIVENESS

OTHERS

GUIDANCE

Date _____ M T W T F S S

Prayers

GRATITUDE

FORGIVENESS

OTHERS

GUIDANCE

Date _____ M T W T F S S

Prayers

GRATITUDE

___

FORGIVENESS

___

OTHERS

___

GUIDANCE

Date _____ | M | T | W | T | F | S | S |

Prayers

GRATITUDE
_____
_____
_____
_____
_____
_____

FORGIVENESS
_____
_____
_____
_____
_____
_____

OTHERS
_____
_____
_____
_____
_____
_____

GUIDANCE
_____
_____
_____
_____
_____
_____

Date _____ | M | T | W | T | F | S | S |

Prayers

GRATITUDE

FORGIVENESS

OTHERS

GUIDANCE

Date _____ M T W T F S S

Prayers

GRATITUDE

FORGIVENESS

OTHERS

GUIDANCE

Date _____ M T W T F S S

Prayers

GRATITUDE

FORGIVENESS

OTHERS

GUIDANCE

Date _____ | M | T | W | T | F | S | S |

Prayers

GRATITUDE

FORGIVENESS

OTHERS

GUIDANCE

Date _____ M T W T F S S

Prayers

GRATITUDE

FORGIVENESS

OTHERS

GUIDANCE

Date _____ M T W T F S S

Prayers

GRATITUDE

FORGIVENESS

OTHERS

GUIDANCE

Date _____ M T W T F S S

Prayers

GRATITUDE

FORGIVENESS

OTHERS

GUIDANCE

Date _____ M T W T F S S

Prayers

GRATITUDE

FORGIVENESS

OTHERS

GUIDANCE

Date _____   M T W T F S S

Prayers

GRATITUDE

FORGIVENESS

OTHERS

GUIDANCE

Date _____ M T W T F S S

Prayers

GRATITUDE

FORGIVENESS

OTHERS

GUIDANCE

Date _____ M T W T F S S

Prayers

GRATITUDE

FORGIVENESS

OTHERS

GUIDANCE

Date _____ | M | T | W | T | F | S | S |

Prayers

GRATITUDE

FORGIVENESS

OTHERS

GUIDANCE

Date _____ M T W T F S S

Prayers

GRATITUDE

_____
_____
_____
_____
_____
_____

FORGIVENESS

_____
_____
_____
_____
_____
_____

OTHERS

_____
_____
_____
_____
_____
_____

GUIDANCE

_____
_____
_____
_____
_____
_____

Date _____   M T W T F S S

Prayers

GRATITUDE

___

FORGIVENESS

___

OTHERS

___

GUIDANCE

Date _____ **M T W T F S S**

Prayers

GRATITUDE

FORGIVENESS

OTHERS

GUIDANCE

Date _____ M T W T F S S

Prayers

GRATITUDE

FORGIVENESS

OTHERS

GUIDANCE

Date _____ M T W T F S S

Prayers

GRATITUDE

FORGIVENESS

OTHERS

GUIDANCE

Date _____ M T W T F S S

Prayers

GRATITUDE

FORGIVENESS

OTHERS

GUIDANCE

Date _____ | M | T | W | T | F | S | S |

Prayers

GRATITUDE

_____
_____
_____
_____
_____
_____

FORGIVENESS

_____
_____
_____
_____
_____
_____

OTHERS

_____
_____
_____
_____
_____
_____

GUIDANCE

_____
_____
_____
_____
_____
_____

Date _____ | M | T | W | T | F | S | S |

Prayers

GRATITUDE

FORGIVENESS

OTHERS

GUIDANCE

Date _____ M T W T F S S

Prayers

GRATITUDE

FORGIVENESS

OTHERS

GUIDANCE

Date _____ | M | T | W | T | F | S | S |

Prayers

GRATITUDE

FORGIVENESS

OTHERS

GUIDANCE

Date _____ M T W T F S S

Prayers

GRATITUDE

FORGIVENESS

OTHERS

GUIDANCE

Date _____ | M | T | W | T | F | S | S |

Prayers

GRATITUDE

FORGIVENESS

OTHERS

GUIDANCE

Date _____

| M | T | W | T | F | S | S |

Prayers

GRATITUDE

FORGIVENESS

OTHERS

GUIDANCE

Date _____   M T W T F S S

Prayers

GRATITUDE

FORGIVENESS

OTHERS

GUIDANCE

Date _____   M T W T F S S

Prayers

GRATITUDE

FORGIVENESS

OTHERS

GUIDANCE

Date _____   M T W T F S S

Prayers

GRATITUDE

FORGIVENESS

OTHERS

GUIDANCE

Date _____ | M | T | W | T | F | S | S |

Prayers

GRATITUDE

FORGIVENESS

OTHERS

GUIDANCE

Date _____ | M | T | W | T | F | S | S |

Prayers

GRATITUDE

FORGIVENESS

OTHERS

GUIDANCE

Date _____ | M | T | W | T | F | S | S |

Prayers

GRATITUDE

FORGIVENESS

OTHERS

GUIDANCE

Date _____ M T W T F S S

Prayers

GRATITUDE

FORGIVENESS

OTHERS

GUIDANCE

Date _____ M T W T F S S

Prayers

GRATITUDE

FORGIVENESS

OTHERS

GUIDANCE

Date _____ | M | T | W | T | F | S | S |

Prayers

GRATITUDE

FORGIVENESS

OTHERS

GUIDANCE

Date _____ M T W T F S S

Prayers

GRATITUDE

FORGIVENESS

OTHERS

GUIDANCE

Date _____ | M | T | W | T | F | S | S |

Prayers

GRATITUDE

FORGIVENESS

OTHERS

GUIDANCE

Date _____ | M | T | W | T | F | S | S |

Prayers

GRATITUDE

FORGIVENESS

OTHERS

GUIDANCE

Date _____ | M | T | W | T | F | S | S |

Prayers

GRATITUDE

FORGIVENESS

OTHERS

GUIDANCE

Date _____ M T W T F S S

Prayers

GRATITUDE

FORGIVENESS

OTHERS

GUIDANCE

Date _____ M T W T F S S

Prayers

GRATITUDE

FORGIVENESS

OTHERS

GUIDANCE

Date _____ M T W T F S S

Prayers

GRATITUDE

FORGIVENESS

OTHERS

GUIDANCE

Date _____ | M | T | W | T | F | S | S |

Prayers

GRATITUDE

FORGIVENESS

OTHERS

GUIDANCE

Date _____ | M | T | W | T | F | S | S |

Prayers

GRATITUDE

FORGIVENESS

OTHERS

GUIDANCE

Date _____ M T W T F S S

Prayers

GRATITUDE

FORGIVENESS

OTHERS

GUIDANCE

Date _____

| M | T | W | T | F | S | S |

Prayers

GRATITUDE

FORGIVENESS

OTHERS

GUIDANCE

Date _____ | M | T | W | T | F | S | S |

Prayers

GRATITUDE

FORGIVENESS

OTHERS

GUIDANCE

Date _____ M T W T F S S

Prayers

GRATITUDE

FORGIVENESS

OTHERS

GUIDANCE

Date _____ | M | T | W | T | F | S | S |

Prayers

GRATITUDE

FORGIVENESS

OTHERS

GUIDANCE

Date _____ M T W T F S S

Prayers

GRATITUDE

FORGIVENESS

OTHERS

GUIDANCE

Date _____ | M | T | W | T | F | S | S |

Prayers

GRATITUDE

_____
_____
_____
_____
_____

FORGIVENESS

_____
_____
_____
_____
_____

OTHERS

_____
_____
_____
_____
_____

GUIDANCE

_____
_____
_____
_____
_____

Date _____ M T W T F S S

Prayers

GRATITUDE

FORGIVENESS

OTHERS

GUIDANCE

Date _____   M T W T F S S

Prayers

GRATITUDE

FORGIVENESS

OTHERS

GUIDANCE

Date _____ M T W T F S S

Prayers

GRATITUDE

FORGIVENESS

OTHERS

GUIDANCE

Date _____ | M | T | W | T | F | S | S |

Prayers

GRATITUDE

_____
_____
_____
_____
_____

FORGIVENESS

_____
_____
_____
_____
_____

OTHERS

_____
_____
_____
_____
_____

GUIDANCE

_____
_____
_____
_____
_____

Date _____ | M | T | W | T | F | S | S |

Prayers

GRATITUDE

_____
_____
_____
_____
_____

FORGIVENESS

_____
_____
_____
_____
_____

OTHERS

_____
_____
_____
_____
_____

GUIDANCE

_____
_____
_____
_____
_____

Date _____ M T W T F S S

Prayers

GRATITUDE

FORGIVENESS

OTHERS

GUIDANCE

Date _____ M T W T F S S

Prayers

GRATITUDE

FORGIVENESS

OTHERS

GUIDANCE

Date _____ | M | T | W | T | F | S | S |

Prayers

GRATITUDE

FORGIVENESS

OTHERS

GUIDANCE

Date _____ M T W T F S S

Prayers

GRATITUDE

FORGIVENESS

OTHERS

GUIDANCE

Date _____ M T W T F S S

Prayers

GRATITUDE

FORGIVENESS

OTHERS

GUIDANCE

Date _____ | M | T | W | T | F | S | S |

Prayers

GRATITUDE

FORGIVENESS

OTHERS

GUIDANCE

Date _____ M T W T F S S

Prayers

GRATITUDE

FORGIVENESS

OTHERS

GUIDANCE

Date _____ M T W T F S S

Prayers

GRATITUDE

FORGIVENESS

OTHERS

GUIDANCE

Date _____   M T W T F S S

Prayers

GRATITUDE

FORGIVENESS

OTHERS

GUIDANCE

Date _____ **M T W T F S S**

Prayers

GRATITUDE

FORGIVENESS

OTHERS

GUIDANCE

Date _____ | M | T | W | T | F | S | S |

Prayers

GRATITUDE

FORGIVENESS

OTHERS

GUIDANCE

Date _____ M T W T F S S

Prayers

GRATITUDE

FORGIVENESS

OTHERS

GUIDANCE

Date _____   M T W T F S S

Prayers

GRATITUDE

FORGIVENESS

OTHERS

GUIDANCE

Date _____   M T W T F S S

Prayers

GRATITUDE

FORGIVENESS

OTHERS

GUIDANCE

Date _____

| M | T | W | T | F | S | S |

Prayers

GRATITUDE

FORGIVENESS

OTHERS

GUIDANCE

Date _____ | M | T | W | T | F | S | S |

Prayers

GRATITUDE

FORGIVENESS

OTHERS

GUIDANCE

Date _____

| M | T | W | T | F | S | S |

Prayers

GRATITUDE

FORGIVENESS

OTHERS

GUIDANCE

Date _____ | M | T | W | T | F | S | S |

Prayers

GRATITUDE

FORGIVENESS

OTHERS

GUIDANCE

Date _____ M T W T F S S

Prayers

GRATITUDE

FORGIVENESS

OTHERS

GUIDANCE

Date _____ M T W T F S S

Prayers

GRATITUDE

FORGIVENESS

OTHERS

GUIDANCE

Date _____ M T W T F S S

Prayers

GRATITUDE

FORGIVENESS

OTHERS

GUIDANCE

Date _____   M T W T F S S

Prayers

GRATITUDE

FORGIVENESS

OTHERS

GUIDANCE

Date _____   M T W T F S S

Prayers

GRATITUDE

FORGIVENESS

OTHERS

GUIDANCE

Date _____ M T W T F S S

Prayers

GRATITUDE

FORGIVENESS

OTHERS

GUIDANCE

Date _____ M T W T F S S

Prayers

GRATITUDE

FORGIVENESS

OTHERS

GUIDANCE

Date _____   M T W T F S S

Prayers

GRATITUDE

_____
_____
_____
_____
_____

FORGIVENESS

_____
_____
_____
_____
_____

OTHERS

_____
_____
_____
_____
_____

GUIDANCE

_____
_____
_____
_____
_____

Date _____ | M | T | W | T | F | S | S |

Prayers

GRATITUDE

FORGIVENESS

OTHERS

GUIDANCE

Date _____ M T W T F S S

Prayers

GRATITUDE

FORGIVENESS

OTHERS

GUIDANCE

Date _____   M T W T F S S

Prayers

GRATITUDE

FORGIVENESS

OTHERS

GUIDANCE

Date _____ M T W T F S S

Prayers

GRATITUDE

FORGIVENESS

OTHERS

GUIDANCE

Date _____ M T W T F S S

Prayers

GRATITUDE

FORGIVENESS

OTHERS

GUIDANCE

Date _____ M T W T F S S

Prayers

GRATITUDE

FORGIVENESS

OTHERS

GUIDANCE

Date _____   M T W T F S S

Prayers

GRATITUDE

FORGIVENESS

OTHERS

GUIDANCE

Date _____ | M | T | W | T | F | S | S |

Prayers

GRATITUDE

FORGIVENESS

OTHERS

GUIDANCE

Date _____ M T W T F S S

Prayers

GRATITUDE

FORGIVENESS

OTHERS

GUIDANCE

Date _____

M T W T F S S

Prayers

GRATITUDE

_____
_____
_____
_____
_____
_____

FORGIVENESS

_____
_____
_____
_____
_____
_____

OTHERS

_____
_____
_____
_____
_____
_____

GUIDANCE

_____
_____
_____
_____
_____
_____

Date _____ M T W T F S S

Prayers

GRATITUDE

FORGIVENESS

OTHERS

GUIDANCE

Date _____ M T W T F S S

Prayers

GRATITUDE

FORGIVENESS

OTHERS

GUIDANCE

Date _____ | M | T | W | T | F | S | S |

Prayers

GRATITUDE

FORGIVENESS

OTHERS

GUIDANCE

Date _____ M T W T F S S

Prayers

GRATITUDE

FORGIVENESS

OTHERS

GUIDANCE

Date _____ M T W T F S S

Prayers

GRATITUDE

FORGIVENESS

OTHERS

GUIDANCE

Date _____ M T W T F S S

Prayers

GRATITUDE

FORGIVENESS

OTHERS

GUIDANCE

Date _____   M T W T F S S

Prayers

GRATITUDE

FORGIVENESS

OTHERS

GUIDANCE

Date _____ **M T W T F S S**

Prayers

GRATITUDE

___

FORGIVENESS

___

OTHERS

___

GUIDANCE

Date _____   M T W T F S S

Prayers

GRATITUDE

FORGIVENESS

OTHERS

GUIDANCE

Date _____ M T W T F S S

Prayers

GRATITUDE

_____
_____
_____
_____
_____

FORGIVENESS

_____
_____
_____
_____
_____

OTHERS

_____
_____
_____
_____
_____

GUIDANCE

_____
_____
_____
_____
_____

Date _____ M T W T F S S

Prayers

GRATITUDE

FORGIVENESS

OTHERS

GUIDANCE

Date _____ M T W T F S S

Prayers

GRATITUDE

FORGIVENESS

OTHERS

GUIDANCE

Date _____ | M | T | W | T | F | S | S |

Prayers

GRATITUDE

FORGIVENESS

OTHERS

GUIDANCE

Date _____ M T W T F S S

Prayers

GRATITUDE

FORGIVENESS

OTHERS

GUIDANCE

Date _____ M T W T F S S

Prayers

GRATITUDE

FORGIVENESS

OTHERS

GUIDANCE

Date _____ M T W T F S S

Prayers

GRATITUDE

FORGIVENESS

OTHERS

GUIDANCE

Date _____ **M T W T F S S**

Prayers

GRATITUDE

FORGIVENESS

OTHERS

GUIDANCE

Date _____ M T W T F S S

Prayers

GRATITUDE

FORGIVENESS

OTHERS

GUIDANCE

Date _____   M T W T F S S

Prayers

GRATITUDE

_____
_____
_____
_____
_____
_____

FORGIVENESS

_____
_____
_____
_____
_____
_____

OTHERS

_____
_____
_____
_____
_____
_____

GUIDANCE

_____
_____
_____
_____
_____
_____

Date _____ M T W T F S S

Prayers

GRATITUDE

FORGIVENESS

OTHERS

GUIDANCE

Date _____   M T W T F S S

Prayers

GRATITUDE

FORGIVENESS

OTHERS

GUIDANCE

Date _____ M T W T F S S

Prayers

GRATITUDE

FORGIVENESS

OTHERS

GUIDANCE

Date _____   M T W T F S S

Prayers

GRATITUDE

FORGIVENESS

OTHERS

GUIDANCE

Date _____ | **M** | **T** | **W** | **T** | **F** | **S** | **S** |

Prayers

GRATITUDE

FORGIVENESS

OTHERS

GUIDANCE

Date _____ M T W T F S S

Prayers

GRATITUDE

FORGIVENESS

OTHERS

GUIDANCE

Date _____ **M T W T F S S**

Prayers

GRATITUDE

FORGIVENESS

OTHERS

GUIDANCE

Date _____ M T W T F S S

Prayers

GRATITUDE

_____
_____
_____
_____
_____
_____

FORGIVENESS

_____
_____
_____
_____
_____
_____

OTHERS

_____
_____
_____
_____
_____
_____

GUIDANCE

_____
_____
_____
_____
_____
_____

Date _____ **M T W T F S S**

Prayers

GRATITUDE

FORGIVENESS

OTHERS

GUIDANCE

Date _____ M T W T F S S

Prayers

GRATITUDE

FORGIVENESS

OTHERS

GUIDANCE

Date _____   M T W T F S S

Prayers

GRATITUDE

___

FORGIVENESS

___

OTHERS

___

GUIDANCE

Date _____   M T W T F S S

Prayers

GRATITUDE

FORGIVENESS

OTHERS

GUIDANCE

Date _____ M T W T F S S

Prayers

GRATITUDE
_____
_____
_____
_____
_____
_____

FORGIVENESS
_____
_____
_____
_____
_____
_____

OTHERS
_____
_____
_____
_____
_____
_____

GUIDANCE
_____
_____
_____
_____
_____
_____

Date _____   **M T W T F S S**

Prayers

GRATITUDE
_____
_____
_____
_____
_____
_____

FORGIVENESS
_____
_____
_____
_____
_____
_____

OTHERS
_____
_____
_____
_____
_____
_____

GUIDANCE
_____
_____
_____
_____
_____
_____

Date _____ M T W T F S S

Prayers

GRATITUDE

FORGIVENESS

OTHERS

GUIDANCE

Date _____   **M** **T** **W** **T** **F** **S** **S**

Prayers

GRATITUDE

_____
_____
_____
_____
_____
_____

FORGIVENESS

_____
_____
_____
_____
_____
_____

OTHERS

_____
_____
_____
_____
_____
_____

GUIDANCE

_____
_____
_____
_____
_____
_____

Date _____ M T W T F S S

Prayers

GATITUDE

FORGIVENESS

OTHERS

GUIDANCE

Date _____ | M | T | W | T | F | S | S |

Prayers

GRATITUDE

FORGIVENESS

OTHERS

GUIDANCE

Date _____ M T W T F S S

Prayers

GRATITUDE

FORGIVENESS

OTHERS

GUIDANCE

Date _____ M T W T F S S

Prayers

GRATITUDE

FORGIVENESS

OTHERS

GUIDANCE

Date _____

Prayers

GRATITUDE

FORGIVENESS

OTHERS

GUIDANCE

Date _____   M T W T F S S

Prayers

GRATITUDE

FORGIVENESS

OTHERS

GUIDANCE

Printed by Libri Plureos GmbH in Hamburg, Germany